何度でも楽しい！

0・1歳児のあそび96

監修・編著／片山喜章
著／徳畑 等・小倉和人・藤本裕美
実践／遊びっくり箱プロジェクトチーム

ひかりのくに

0歳児、1歳児の"いきいき""はつらつ"を引き出すポイントのひとつめは、「しかけ」づくり。本書を参考に、「しかけ」づくりを"やってみる"ことから始めましょう。そのとき、「しかけ」を常設にしないで、出したり、かたづけたり、そんなふうにアクセントをつけると意欲が芽生えることも。それが0歳児、1歳児の特徴かもしれません。

もうひとつのポイントは先生たちが共に楽しむようにかかわること。幼児に比べてそうすることでの効果は大きいです。そこから子ども同士の影響の与え合い、かかわり合いに発展します。

先生たちの役割は、そんなふうに子ども同士の関係づくりを目ざして「しかけ」づくりを、"やってみる"こと、です。

片山喜章

✳ 本書の見方・特長

✳ 子どもの姿・育ちに沿った遊びです!

0歳児は「ごろごろタイプ」「おすわりタイプ」など、そのときの子どもの姿に合わせて、1歳児は「身近なもので」「ダイナミックに」など遊びの種類で分けています。目の前の子どもたちにピッタリの遊びがすぐに見つかる!

0歳児 ごろごろタイプ

どんな感触かな?
不思議なキャンディー

握って遊ぶ
子どもは寝転んだ状態で、キャンディーを握って遊びます。握った感触や、バシバシと音がするのを楽しみます。

準備物:
プチプチシート、ハンカチや布、輪ゴム
●プチプチシートを筒状にし、ハンカチや布で巻いて両端を輪ゴムで結んでキャンディーのようにする。

現場で本当に楽しんだ・繰り返し楽しみたい遊びを96種!

子どもと共に楽しんで繰り返しかかわりましょう!

✳ 現場の写真たっぷり!

保育現場で本当に楽しんだ遊びだからこそ撮れた写真がいっぱい! 保育の"ライブ"を味わえます。

遊びのツボ 握るものを工夫する
握ることで、手からの刺激を脳に与えることができます。長い時間持ち続けられるように、感触にも工夫が必要です。プチプチシートは弾力もあるので、太めでも持ちやすいようです。

✳ 遊びのツボもバッチリ!

子どもの興味や意欲が増す秘密がたっぷり! 発達に裏打ちされた遊びの大切な部分がたっぷり詰まっています。

保育がもっとうまくいく **わくわくポイント** と
子どもの思いがよくわかる **なるほどエピソード** も!

CONTENTS

はじめに ……………… 2
本書の見方・特長 …… 3

＊ 0歳児 ・・・・・・・・・・・・・・・・・ 8 ＊

ごろごろタイプ

不思議なキャンディー …… 10
クルクルペーパー芯 ……… 11
タッチでエクササイズ …… 12
ぶんぶんパラグライダー … 13
ぎゅーっとキャッチ ……… 14
タッチでパン！ …………… 15

ごろごろ＆おすわりタイプ

握ってロープ ……………… 16
引っ張って、ぴよ～ん …… 17

♥ わくわくポイント ♥

『続かない線路で
　　どこまでも』……… 18

おすわりタイプ

わらべうたで遊ぼう！ …… 20
タワー倒し ………………… 21

じょうずにストップ！ …… 22
出てこい！出てこい！ …… 23
しゃかしゃかシェイク …… 24
筒抜き ……………………… 25
どんぐりころころ ………… 26
びゅんびゅんビーズ ……… 27
おいもごろごろ …………… 28
どんな音？ ………………… 29
引っ張って～ ……………… 30
ころころボール …………… 31
タッチでミュージック♪ … 32
いっぱいになったかな？ … 33
くるっと回転！ …………… 34
ころころ、バー！ ………… 35

★ なるほどエピソード ★

『楽しさが徐々に影響!?』… 36

ハイハイタイプ

- ハイハイ散歩 ……… 38
- ゆらゆらピンポン球 ……… 39
- ひらひらトンネル ……… 40
- 大きな坂登り ……… 41

♥ わくわくポイント ♥
- 『ハイハイを促すために』 ……… 42

★ なるほどエピソード ★
- 『お気に入りNo.1は「お山」かな?』 ……… 44

たっちタイプ

- ロッククライミングふう ……… 46
- キラキラペットボトル ……… 47
- カーテンひらひら ……… 48
- うんとこしょ! ……… 49
- 引っ張って、ばぁ〜 ……… 50

たっち&よちよちタイプ

- ごろごろボール ……… 51
- 風船タッチ ……… 52
- たたいてコロ〜ン ……… 53
- ふにゃふにゃ道 ……… 54
- よいしょ こらしょ ……… 55
- むしゃむしゃおいしい! ……… 56
- のんびりリフト ……… 57
- ぐるっと回ってこんにちは! ……… 58
- あちこちぽいっ! ……… 59
- どんどん進んでね ……… 60
- はい、どうぞ! ……… 61
- ごっとん、ゴロゴロ ……… 62

よちよちタイプ

- GO! GO! ちりり〜ん ……… 63
- ぐらぐらたっち! ……… 64
- どっかん! ころころころ ……… 65

♥ わくわくポイント ♥
- 『毎日、同じことを短時間』 ……… 66

✱ 1歳児 ・・・・・・・・・・・・・・・・ 68 ✱

身近なもので

グングンひも引き ………… 70
箱の中から
　　　こんにちは！ ……… 71
タッチ＆ぎゅーっ ………… 72
泡ブク・ブク ……………… 73
うちわ そよそよ〜 ……… 74
紅白玉でどっかん ………… 75
いろいろメガネ …………… 76
ふりふりシェイク！ ……… 77
コロコロ びゅ〜ん！ …… 78
ボンボン風船 ……………… 79
ひゅ〜っ ストン！ ………… 80
ころころ ドン！ …………… 81

歌あそび

あたま・かた・ひざ… ……… 84
『桃太郎』でトントントン …… 85
でんでん指遊び …………… 86
『いわしのひらき』で
　　　　　パチャパチャ …… 87
トマトでトントントン ……… 88
こおろぎチロチロ ゴー！ … 89
動物おめめ ………………… 90
ハイハイきんたろう ……… 91
とんとん・パチパチ ……… 92
行くぞ！ 行くぞ！ ………… 93
メリーさんのお座り ……… 94
くっついた！ ……………… 95

♥ わくわくポイント ♥

『壁を使うと
　　意欲と安心感』…… 82

★ なるほどエピソード ★

『遊びの広がり』…………… 96
『やっぱり、
　　みんないっしょで』…… 97

ふれあい遊び

- いろいろないいないばぁ …98
- ぶんぶんはちさん …99
- ゴロンでわっはっは …100
- 挟んでギューッ! …101
- おふろちゃぷちゃぷ …102
- 友達にグー・チョキ・パー …103
- みんな起きて〜! …104
- 紙コップで、はいどうぞ! …105
- ロケットはっしゃー …106
- ぎゅ〜ぎゅ〜橋 …107
- オオカミなんか怖くない! …108
- ふれあいペンギン …109

ダイナミックに

- ころころりん …112
- ペーパー芯でトントントン …113
- ゆらゆらトンネル …114
- あめあめ ふれふれ! …115
- マット一直線!① …116
- マット一直線!② …117
- 倒して起こして …118
- コーンでどこまでも… …119
- うんとこしょ! …120
- もぐりっこトンネル …121
- 温泉へゴーッ! …122
- マットでビューン …123

★ なるほどエピソード ★

- 『乳児が乳児を』 …110
- 『モデルを見ることの大切さ』 …111

♥ わくわくポイント ♥

- 『突然、遊具とミュージック』 …124

まとめにかえて

- 『環境の工夫&子ども同士の学び合い』 …126

0歳児

子どもの育ちに合わせて、7つのタイプに分けて遊びを紹介します。

ごろごろタイプ　ごろごろ&おすわりタイプ　→ P.10〜17

寝転がったり、腹ばいで頭を持ち上げたりしている子どもにピッタリの遊びです。1対1の関係をはぐくみましょう。

おすわりタイプ

→ P.20〜35

足を投げ出し、投げ座りをするようになった「おすわり」のころの子どもと、手づくり玩具や手遊びで遊びましょう。

ハイハイタイプ

➡ P.38〜41

しっかりと手足を動かしてハイハイをすることは、その後の育ちにも大きくかかわります。そんなハイハイへの意欲が増す遊びです。

たっちタイプ

たっち&よちよちタイプ

よちよちタイプ

➡ P.46〜65

「たっち」をし始めたり、「よちよち」歩き始めたりする子どもたち。伝い歩きや、玩具を運ぶ遊びなど、子どものわくわくを引き出します。

0歳児 ごろごろタイプ

どんな感触かな？
不思議なキャンディー

握って遊ぶ

子どもは寝転んだ状態で、キャンディーを握って遊びます。握った感触や、バシバシと音がするのを楽しみます。

準備物：プチプチシート、ハンカチや布、輪ゴム

●プチプチシートを筒状にし、ハンカチや布で巻いて両端を輪ゴムで結んでキャンディーのようにする。

遊びのツボ　握るものを工夫する

握ることで、手からの刺激を脳に与えることができます。長い時間持ち続けられるように、感触にも工夫が必要です。プチプチシートは弾力もあるので、太めでも持ちやすいようです。

なにかな…

どんなふうに動く?
クルクルペーパー芯

0歳児 ごろごろタイプ

準備物 **トイレットペーパーの芯、ひも**
- トイレットペーパーの芯に色を付けたり布をはったりする。
- 芯の中にひもを通す。

回したり、左右に動かしたりする

保育者はひもの端を持ち、子どもの手が届く位置に持っていきます。子どもは、手でクルクル回したり、左右に移動させたりして遊びます。

遊びのツボ　物への距離感をつかむ

手を動かして、物が回ったり動いたりするのを経験することで、対象物までの距離感を知ることができます。

ひもを壁などに付けてもいいでしょう。

どこでもタッチできる?
タッチでエクササイズ

ボールにタッチする

子どもがボールにタッチして遊びます。初めはすぐにタッチできるような場所にして、徐々に斜めで体をひねるような場所へと移動していきます。体勢を変えられるように遊びましょう。

 準備物　鈴が入っている布製のボール

 手や足のコントロール

ボールなどの目的物に対して、子どもなりにかかわろう（触ろう）とします。目的物まで手や足をうまくコントロールしようとすることが大切なのです。

こっちだよ〜

いっぱいタッチしよう！
ぶんぶんパラグライダー

0歳児 ごろごろタイプ

体を起こして芯にタッチ

うつぶせになった子どもの目の高さくらいに芯をぶら下げます。子どもは体を起こし、体を横に揺さぶったり足をバタバタさせたりして、タッチしようとします。

準備物
ひも、トイレットペーパーの芯（色や模様を付ける）
●芯にひもを通す。

遊びのツボ

背筋を使う

子どもにとって「背筋」を使うことはとても大切です。上体を起こし、背筋を使う遊びを通して、今後の「立つ」ための準備をしていきます。

タッチ！

0歳児 ごろごろタイプ

うまく捕まえられるかな？
ぎゅーっとキャッチ

クッションをつかむ

寝転んだ子どもの上にクッションをつるします。少し揺らしながら、つかむように促し、捕まえることができたら「すごいね」と褒め、繰り返しましょう。

| 準備物 | **小さめのクッション、ひも** ●クッションにひもを十字に結び付ける。 |

※クッションは大きすぎると怖がることがあるので、小さめにしましょう。

全身運動ができる

ひもでつるした不安定なものを、子どもは集中して見ています。興味を持つと捕まえようとして両手両足を上げるため、遊びながら全身運動ができるのです。

う〜んと手を伸ばして！
タッチでパン！

タンバリンをたたく

タンバリンを見せ、保育者は軽くたたいて音が鳴ることを伝えます。「パンパンってしてみて」と言いながら、自分からたたくように促しましょう。

準備物 タンバリン

0歳児 ごろごろタイプ

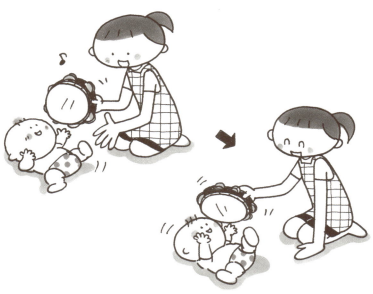

遊びのツボ 視線も体も動く

保育者がたたいて音を鳴らすことで、自分もたたこうと必死に手を伸ばします。左右に動かして音を鳴らすと、視線も体も動き、笑顔でタンバリンを触ろうとするでしょう。

バランスが大切です！
握ってロープ

準備物	ひもやロープ数本、パフリング（布製の輪になった手具）などの輪っか

●部屋の端から端などにひもを渡し、そこからパフリングなどの輪っかを結んだひもを垂らす。※すぐに外れるなどの危険のないように、十分に注意してください。

輪っかを握って遊ぶ

寝転んでいる子には、そのまま持たせてあげます。座っている子は、輪っかを握りながら座る姿勢をキープできるようにバランスを取って遊びます。

寝転んでいる子には…   座っている子には…

 姿勢を保つ 座っている子は、揺れによって自分の座っている姿勢をキープできるようバランスを取ろうとします。座るための重心バランスが体で理解できていきます。

じょうずに捕まえられる？
引っ張って、ぴよ〜ん

捕まえて遊ぶ

ぬいぐるみを引っ張って離すと、ぴよーんと動きます。それを手足を伸ばして、捕まえようとして楽しみます。

準備物　小さめのぬいぐるみ、ゴム
- ぬいぐるみにゴムを付け、上からつるす。

0歳児……ごろごろ＆おすわりタイプ

もうちょっと

遊びのツボ　捕まえようとする意欲が大切

ぬいぐるみは不安定に動くので、つかもうと思ってもなかなかつかめません。そのため手足を伸ばしてつかもうとします。簡単にはつかめませんが、自分の体をコントロールしようとする意欲が大切なのです。

♥ わくわくポイント ♥
『続かない線路でどこまでも』

本編にはありませんが、ゴムひもやカーペット生地を5cm×30cmくらいに切った細いレールを一定のスペースの中に、隙間を20cmくらいあけ並行に置きます。これをくっつけて連ねると、子どもたちは"でんしゃきぶん"。

また、くっつけて連ねないで、レールを50cm〜1mくらい開けて、あちこちに点在させると、自分なりのジグザグでんしゃを楽しめます。ぜひ、試してください。

0歳児 おすわりタイプ

コミュニケーションを取ろう
わらべうたで遊ぼう！

向かい合って手遊びをする

子どもと保育者は向かい合って座り、『ちょちちょちあわわ』を歌いながら遊びます。

1. ちょちちょち

手を2回たたく。

2. あわわ

手のひらを2回口に当てる。

3. かいぐりかいぐり

両手をグーでぐるぐる回す。

4. とっとのめ

ひとさし指で手のひらを2回たたく。

5. おつむてんてん

頭を軽く4回たたく。

6. ひじぽんぽん

左右のひじを軽く2回ずつたたく。

『ちょちちょちあわわ』 わらべうた

遊びのツボ ひとりひとりの時間を確保

しっかりと顔を見合わせることで、保育者とのふれあいができ、信頼感が生まれます。ひとりひとりと楽しめる時間を確保するように心がけましょう。

はでに倒そう！
タワー倒し

① 積み木を組み立てる

準備物　牛乳パック
● 牛乳パックの中に新聞紙などを詰め、口の部分を折り畳み、布をはって積み木にする。

0歳児　おすわりタイプ

保育者は子どもの前で牛乳パックの積み木を組み立てます。

② 子どもが倒す

子どもが触って倒れたら、「わー、倒れたね」「もう1回しようね」と言いながらまた組み立てます。

遊びのツボ　子どもに聞きながら

倒して、目の前のものがなくなるようすが、この年齢の子どもには楽しいようです。「もう1回する?」と組み立てるたびに聞くことで、うなずくなどの意思表示が出てくるようにもなります。

0歳児 おすわりタイプ

こまこま、止まれ！
じょうずにストップ！

回るこまを止める

保育者は子どもの前でこまを回します。子どもは手で止めようとし、止まったら「もう1回ね」と言ってまた回し、繰り返して遊びます。

準備物　木芯のこま、もしくはこまのようにクルクル回るもの（折り紙で折ったものなど）
※鉄芯のこまはNG。

　意識を集中する

回っているこまを押さえようとタイミングを図ることは見た目以上に難しいため意識を集中します。繰り返すうちに集中力がつき、止められるようになっていきます。

次々に出てくるのが楽しい
出てこい！ 出てこい！

準備物 四角い布(たくさん)、ティッシュケース
●布をひし形につないで、縫い付ける(50cmくらいの長さ)。

0歳児 …… おすわりタイプ

布を引っ張り出す

布を入れた箱を子どもの前に置き、子どもは中から布をどんどん引っ張り出して遊びます。すべて出せたら「全部出たね」と伝え、また保育者が中に戻して繰り返します。

両手を操る
「つかむ」と「引っ張る」というふたつの動きを連動させて遊べます。初めは片手だけで引っ張ろうとしますが、徐々に右手と左手をじょうずに操ることができるようになっていきます。

でてきた！

音が出て、水も出るよ
しゃかしゃかシェイク

準備物 ストロー付きの紙パック（中をきれいに洗っておく）、ビニールシート

紙パックを振る

木陰に敷いたビニールシートの上で、水を少し入れた紙パックを保育者が「しゃかしゃか」と振ります。子どももいっしょに振って、音が出て水がパラパラと飛んでくることを楽しみます。

 音も楽しむ　自分が振ったものから水の音が聞こえ、水滴がパラパラ出てくる、という不思議な感覚を味わいましょう。

じょうずに持てるかな?
筒抜き

筒を抜いて遊ぶ

カゴの中から芯を抜き出して遊びます。
保育者は芯を戻し、子どもは繰り返して遊びます。

準備物　トイレットペーパーの芯、小さなカゴ
● カゴの中に芯を数本詰める。

0歳児……おすわりタイプ

遊びのツボ
穴があいているので楽しめる

トイレットペーパーの芯は穴があいているので、一気に2本、3本と持つことができます。穴をのぞきながら抜いたり、両手いっぱいに持ったりと、楽しそうに指先を使って遊びを楽しめます。

ぬいたよ

0歳児 おすわりタイプ

まねっこして遊ぼう！
どんぐりころころ

『どんぐり』の歌に合わせて遊ぶ

手を握ったり、かいぐりしたりして遊びます。

1. どんぐり　どんぐり

手をぎゅーっと握る。

2. ころころ

ぐるぐると手をかいぐりする。

※「♪どんぐり〜」以降も、歌詞に合わせて動きを繰り返しましょう。

遊びのツボ　じっと見て理解しようとする

すぐに保育者と同じ動きはできないですが、歌に合わせて手をたたいたり、体を左右に動かしたりするでしょう。保育者の手の動きをじっと見つめ、どうなっているのかを一生懸命理解しようとします。

『どんぐり』　作詞／戸倉ハル　作曲／小林つや江

遊びが広がる
びゅんびゅんビーズ

アイロンビーズの輪で遊ぶ

アイロンビーズの輪を引っ張ったり、カップに入れたりして遊びます。

準備物 アイロンビーズをゴムに通して輪にしたもの、カップなど

0歳児……おすわりタイプ

遊びのツボ

カラフルで持ちやすい

輪になっているので持ちやすく、色もカラフルなので、子どもは興味を持ってくれます。バッグのように腕に通して持ち歩いてみたり、カップに入れたり出したりと、それぞれの子どもの独創性で楽しめます。

いっしょにパチン
おいもごろごろ

『おいもごろごろ』の歌に合わせて遊ぶ

息を合わせてふれあい遊びを楽しみます。

1. おいもごろごろ　おいも　チャチャチャ

かいぐりし、「チャチャチャ」で手を3回たたく。

2. おいもごろごろ　おいも　ウー！

かいぐりし、「ウー！」で手のひらを合わせる。

遊びのツボ　息を合わせる楽しさ

人と手を合わせるということは、息を合わせないといけません。息が合ったときの一体感が、楽しさを倍増させるのです。

『おいもごろごろ』（最初の4小節のみ）　作詞／茂木好子　作曲／斉藤やよい

バリバリバリ〜ン
どんな音？

音を出して遊ぶ

保育者が卵のパックを押すなどして、音を鳴らします。「やってごらん」と子どもに渡して、バリバリと音を鳴らして楽しみましょう。

準備物：卵のパック

0歳児 おすわりタイプ

遊びのツボ

考えて遊べる
音がバリバリと鳴るので、「これはなんだ？」という興味がわき、自分でも押そうとします。指で鳴らしにくいときは手のひらを使って…と自分で考えて遊べます。

0歳児 おすわりタイプ

歌に合わせて引っ張りっこ
引っ張って〜

準備物	小さめのハンカチまたは布、トイレットペーパーの芯

● ハンカチをペーパー芯の中に入れる。

① ハンカチを引っ張る

子どもと向かい合わせに座り、保育者はペーパー芯からハンカチを少し出します。ハンカチを引っ張るように促し、引っ張るということを理解できるようにします。

② 『だるまさん』(わらべうた)の替え歌で遊ぶ

慣れてきたら、「♪だるまさん〜」と歌いながら、「引っ張りっこしましょ　1、2、3」の合図で引っ張って楽しみます。

遊びのツボ

合図で引っ張る

自分主導で引っ張ることから、合図で引っ張るという、少し難易度がアップした遊びに変化します。合図がわかりにくい場合は、「1、2、3、それ〜」と言うだけでもかなりやりやすくなるでしょう。

あっちへころころ
こっちへころころ

ころころ
ボール

準備物: ティッシュケース、カラーセロハン、カラーボール
- ティッシュケースの上部を切り取ってセロハンをはり、上部と底面にボールが通る大きさの穴をあける。

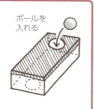

ボールを転がして遊ぶ

ケースの中にボールを入れ、傾けながらボールを転がして遊びます。穴からボールが落ちる楽しさを味わいましょう。

遊びのツボ

見えるから集中できる

自分だけでボールを出すことが難しいときは、保育者が手を添えて傾けてあげましょう。上部がセロハンなので玉の動きが透けて見え、集中して遊ぶことができます。

0歳児 おすわりタイプ

0歳児 おすわりタイプ

いろいろどんな音？
タッチでミュージック♪

準備物
トイレットペーパーの芯（半分にカットする）
棒、小豆、米、鈴 など
● ペーパー芯に小豆、米などを入れ、中身が出ないように両サイドを紙とテープで留め、ひもを付けて棒につるす。

上下を紙とテープで留めて、ひもを付ける

ペーパー芯をたたく
たたいていろいろな音を出して楽しみます。

\タッチ♪/

遊びのツボ ― **音の違いを感じる**
子どもは目の高さに何かがあると、すぐに触りたくなります。触ると違う音が鳴ることを幼いなりにも不思議に思い、「なぜだろう？」という興味もわいていくのです。

出して入れて、おもしろい！
いっぱいになったかな？

缶の中に玉を入れる

缶の横に玉を用意し、子どもが中に入れます。保育者は「いっぱいになった？ ではふたをしようね」（おしまいの合図）と声をかけ、子どもが自分でふたをします。「もう1回しようか？」と聞き、うなずいたら中身を出して、繰り返します。

準備物：ミルク缶またはふた付きの缶（小さめのもの）、玉入れの玉やお手玉

0歳児……おすわりタイプ

…じゃあ ふたを しようね

遊びのツボ
自分で完結する楽しさを経験

一生懸命に玉を入れ、いっぱいになったら「おしまい」という合図のために、ふたを閉めます。自分で完結する楽しさを経験し、出したら繰り返せることも理解していきます。

しめよう

0歳児 おすわりタイプ

いつ出てくる？
くるっと回転！

カードをめくって「当たり」を見つける

カードを床に広げ、子どもたちは1枚ずつ裏返していきます。絵が出てきたら、保育者は「○○ちゃん当たり～！」と言って喜びます。繰り返すうちに「当たり」の意味が理解できていくでしょう。

準備物：厚紙、ビニールテープ
●厚紙で直径15cmほどの円形のカードを3～6枚くらい作って周囲をテープで保護し、その中の1枚の片面に動物などの絵を描く。

テープで保護

あたり！

○○ちゃん当たり～！

遊びのツボ　「当たり」が理解できる

保育者がめくって見本を見せることからスタートし、絵が出たらみんなで「あたり～」と言って遊ぶことで、何が当たりなのかを理解することができます。繰り返すうちに、子どもから「あった～」「あたり～」と言えるようになるでしょう。

いなくなったら出てくるぞ！

ころころ、バー！

上から入れて下でキャッチする

| 準備物 | 段ボール箱、トイレットペーパーの芯、鈴 |

- 入り口と出口に穴をあけ、中に坂道を作る。
- ペーパー芯に鈴を入れ、両端を紙とテープなどで留める。

0歳児……おすわりタイプ

初めは保育者が見本を見せます。入り口からペーパー芯を入れ、出口から出てきたものをつかみます。その後は子どもが自分で遊べるようにしましょう。

遊びのツボ
不思議さが集中力につながる

上から入れたら下から出てくることに「あれ？　なぜだ？」と不思議に思うからこそ、何度も繰り返して遊べます。繰り返して遊べる時間が長いほど集中力が高まっていくのです。

★ なるほどエピソード ★
『楽しさが徐々に影響!?』

《紙コップで、はいどうぞ!》(P.105)
初めは1歳児の高月齢児、数人だけが
もらったボールを紙コップに入れて、カ
ゴに「はいどうぞ」をして他児はまった
く知らん顔。

少し「はいどうぞ」と「ありがとう」の距離を縮めてしていると、ひとり、またひとりとやってきて、「もらって、運んで、カゴに入れる」楽しさを感じだしたようです。

そして、ついにハイハイしている0歳児もやってきて、コップを持って動きだしたのです。少し月齢の高い子どもの影響の大きさを痛感した時間でした。

ハイハイ散歩

いっしょに行こう

| 準備物 | ぬいぐるみや柔らかいボールなど |

いっしょにハイハイする

子どもと保育者はうつぶせになります。あらかじめ少し先にぬいぐるみを置いておき、保育者は「あっ、あんなところにクマさんが！ 取りに行こう」と声をかけて、いっしょにハイハイしながら取りに行きます。

※玩具は子どものお気に入りを用意するとよいでしょう。

 **ハイハイする工夫を**　ハイハイは歩く前の子どもたちにとってとても大切な運動です。目標物があることによって、進もうとする意欲がさらにわいてきます。たくさんハイハイをするには、工夫が大切です。

見えているものに近づきたい!
ゆらゆらピンポン球

準備物: ピンポン球（色が付いているもの2〜3個）、大きめのジッパー付きポリ袋、ひも、ビニールシート、ビニールテープ
- 袋の中に水（半分くらい）とピンポン球を入れて口をしっかり閉め、ビニールテープなどでひもを留める。

0歳児……ハイハイタイプ

袋を追いかける

木陰にビニールシートを敷きます。うつぶせになっている子どもの前に袋を置き、保育者はゆっくり引っ張って、ハイハイで進むよう促します。

目の高さに合わせる　目の高さに合った目的物は、近づこうとする原動力になります。ゆっくり引っ張ることで興味がさらに増し、ハイハイして近づこうとするのです。

こっちに来れるかな?
ひらひらトンネル

準備物 スズランテープ、フープ
● フープにスズランテープを結び付けてカーテンのようにする。

フープのトンネルをくぐる

初めは保育者がくぐって見本を見せたら、フープを子どもの少し前に置き、くぐるように促します。できるだけ低い姿勢でくぐれるようにスズランテープの長さを調整するといいでしょう。

※スズランテープが長すぎると首に巻き付く可能性があるので注意しましょう。

前に踏み出す力　初めは怖がって、なかなか前に進めません。でも保育者がカーテンから「ばぁ」と顔を出すことで、安心しながらゆっくりとハイハイで進むことができます。保育者との日ごろのかかわりが、踏み出す力を後押しするのです。

しっかりハイハイ
大きな坂登り

坂を登る

巧技台に斜面板を組み合わせ、坂道を作ります。子どもたちは手の力だけではなく、足の指を立てて登って遊びます。

準備物: 巧技台、斜面板

0歳児 ハイハイタイプ

遊びのツボ　角度をやや鋭角に

足の指を立てて登ることは、その後の「歩く」動きに役だちます。坂の角度が緩いとハイハイで登ってしまうので、やや鋭角に設定することが大切です。

よいしょ

♥ わくわくポイント ♥
『ハイハイを促すために』

「ハイハイ」は、目の前に必要なモノがあれば、そこに向かって進みます。

ここでは「遊び気分の環境づくり」として、《ひらひらトンネル》(P.40)《もぐりっこトンネル》(P.121)などひと工夫。

中でも《大きな坂登り》(P.41)のように傾斜を作ること、そして、Uの字状の天井のない"逆さトンネル"《ゆらゆらトンネル》(P.114)にすると1歳児でもわくわく進む姿が見られます。

★ なるほどエピソード ★
『お気に入りNo.1は、「お山」かな?』

子どもたちが自由に遊んでいるとき、三角マットや、巧技台にマットを掛けて出すと、それまでの遊びをやめて、お山に集まってきます。

机上遊びや、腕や手先を使う微細運動、どれも大事ですが、お山のよじ上りは、ハイハイの機能も兼ね備えた、まさに全身を目いっぱい動かす"粗大運動の王者"です。日々の保育に取り入れたいですね。

0歳児 たっちタイプ

どこにでもタッチ！
ロッククライミングふう

| 準備物 | トイレットペーパーの芯（色画用紙をはったり、色を塗ったりしたもの）、クラフトテープ |

ペーパー芯をタッチして遊ぶ

壁のあちらこちらにペーパー芯をクラフトテープで付けます。子どもたちは近づいていき、移動しながらタッチしたりはがしたりを、繰り返し楽しみます。

 芯に興味を持つ　ペーパー芯に興味を持ち、触りたいと思うことで立ち上がる意欲が出てきます。立てる子には、少し高い場所に付けてあげてもおもしろいでしょう。

水の中で光ってる!
キラキラペットボトル

準備物 タライ、小さめのペットボトル、スパンコール、耐水性接着剤
● ペットボトルに水とスパンコールを入れ、ふたが外れないように接着剤で付ける。

ペットボトルをつかむ

水を入れたタライの中にペットボトルを転がし、手を入れて遊びます。

0歳児 たっちタイプ

きれいね〜

遊びのツボ

キラキラを触りたくなる

キラキラと光るペットボトルに、子どもたちは「取りたい、触りたい」という気持ちが増します。水が苦手な子でも、手を入れて触りたいという気持ちが芽生えます。

0歳児 たっちタイプ

なかなか届かないぞ！
カーテンひらひら

布に手を伸ばす

突っ張り棒を固定し、布を掛けます。保育者は布をゆらゆら揺らし、子どもに立ち上がるよう促しましょう。

準備物：突っ張り棒、布

※高さは座って手を伸ばしても届くか届かないかくらいに調節しましょう。

遊びのツボ　子どもの意欲を刺激する

まだ立てない子でも、おしりを浮かせて何とか布に触ろうとします。身近にある布でも、ひと工夫で子どもの意欲に刺激を与えるのです。

腕をう〜んと伸ばして！
うんとこしょ！

網に玉を乗せる

巧技台などで子どもの目線が少し上を向くくらいの高さの台を作り、網の上に玉入れの玉をひとつずつ乗せていきます。玉が増えていくようすを見て楽しみましょう。

準備物：長方形の網、玉入れの玉、巧技台など

0歳児　たっちタイプ

よいしょ

遊びのツボ

高さを調整する

もう少しで届きそうな高さが子どもたちには魅力的に見えるようです。一生懸命網に乗せたい、という気持ちが意欲にもつながっていきます。網の置き方を固定したりつるしたり、と工夫することで、遊びはどんどん広がっていくでしょう。

0歳児 たっちタイプ

顔が見えたらにっこりスマイル
引っ張って、ばぁ〜

準備物 大型積み木など（子どもがつかまって立てる大きさ）、保育者の顔が隠れる大きさのハンカチまたはタオル

ハンカチを引っ張る

子どもと保育者は大型積み木を挟んで、向かい合います。保育者はハンカチで顔を隠し、子どもがハンカチを引っ張って顔が出たら「ばぁ〜」と言います。ハンカチを返してもらって繰り返しましょう。

立ってバランスを取る

立てるようになった子どもは、立った体勢を保つことを楽しいと感じます。その状態でハンカチを引っ張ることで、さらに立っていられるためのバランスを取ろうとするのです。

たっち&よちよちタイプ

待って待って
ごろごろボール

準備物: 風船（水を少し入れ膨らます）

転がる風船をつかむ

戸外で保育者は水を少し入れた風船をそっと転がし、子どもが取りに行きます。水が入っていることで不規則な転がり方をするので、あちらこちらへ転がる風船を楽しみましょう。

0歳児……たっち&よちよちタイプ

不規則な動きが楽しい

風船が不規則な方向や速さで転がっていくので、子どもたちは興味が出て、追いかける意欲が高まります。

0歳児 たっち&よちよちタイプ

ふわふわ何かな？
風船タッチ

準備物: 風船

風船まで伝い歩きする

子どもが伝い歩きできるような場所を選び、少し先に風船を置いたりつるしたりします。子どもに伝い歩きを促して遊びましょう。

よいしょ

タッチ

遊びのツボ / **高さや数を変える**

風船は子どもにとって興味がわくもののひとつです。目に留まった瞬間から、伝い歩きをしたり早く触ろうと手を伸ばしたり、自分にできるすべての動作でかかわろうとします。高さや数を変えることでも、さらに興味を刺激できるでしょう。

コロンとどこへ転がる?
たたいてコロ〜ン

ボールをたたいて落とす

芯の上にボールを乗せ、子どもはボールをたたいて落として遊びます。転がったボールをまた戻し、繰り返して楽しみます。

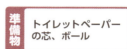

準備物: トイレットペーパーの芯、ボール

0歳児…たっち&よちよちタイプ

つついて...

遊びのツボ

距離感がつかめる

初めは"つついて落とす"というところからスタートしますが、徐々にねらいを定めて落とそうとします。ボールと自分との距離感がわかってくるのです。

0歳児 たっち&よちよちタイプ

しっかり歩こう
ふにゃふにゃ道

マットレスの上を歩く

マットレスを敷き、その上を歩きます。床と違って柔らかいため、バランスを必要とします。何度も繰り返してバランスよく歩けるようになりましょう。

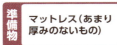
準備物　マットレス（あまり厚みのないもの）

バランス感覚が身につく

転ばないためには全身のバランス力が必要です。しっかりと重心を足に掛けながら、一歩一歩踏み出すことでバランス感覚が身につくようになるのです。

おっとっと

あっちへこっちへ
よいしょ こらしょ

> **準備物** 大きめのボールまたはビーチボール、ボールが乗る大きさのカゴ、園児用机（折り畳めるタイプ）

ボールを運んで置く

机を斜めに立て、保育者がカゴを持ちます。子どもがカゴにボールを置いたら、カゴをひっくり返してコロコロと転がします。子どもがボールを取りに行くと、「こっちへどうぞ」と再びカゴに入れるよう促し、置く・転がす・運ぶを繰り返して楽しみます。

0歳児……たっち＆よちよちタイプ

運んで「置く」楽しさ

「持って運ぶ」のは、子どもたちにとってとてもおもしろいことです。そこに「置く」というアクセントを盛り込むと、一気に難易度が高まります。繰り返すうちに、両方のおもしろさが理解できます。

0歳児 たっち&よちよちタイプ

いっぱい食べさせてね
むしゃむしゃおいしい！

準備物　パペット、玉入れの玉

玉を入れる

玉をばらまいて、保育者はパペットを持ちます。口を広げて子どもに玉を入れるように促し、パペットの口に入れたら、開閉しながら「むしゃむしゃ」と言って食べるまねをします。繰り返して楽しみましょう。

むしゃ　むしゃ…

「おなかいっぱい」で終わる

ただ単に運ぶだけでも楽しめますが、むしゃむしゃと食べるまねをするだけで、より楽しさが増します。終わるときは「もうおなかいっぱいになった」などで終わると、子どもたちも納得できます。

ゆっくり動きます！
のんびりリフト

| 準備物 | 棒、パフリング
●棒にパフリングを通す。 |

パフリングをつかんで歩く

つり輪を握るような感じで、パフリングを持ってよちよち歩いて遊びます。

 一歩を踏み出す動機に

たっちから歩き出すとき、一歩がなかなか出ないものです。その一歩を踏み出す動機づけとして、このようなつり輪があると、バランスを保ちながら立ち上がり、進むことができます。

0歳児 たっち&よちよちタイプ

0歳児 たっち&よちよちタイプ

じょうずに進めたね
ぐるっと回ってこんにちは!

準備物: 大きめの机または台

机の周りを回る

机の周りを伝い歩きします。回って元の位置に戻ったら、保育者は「こんにちは!」と言います。1周して「こんにちは!」を繰り返します。

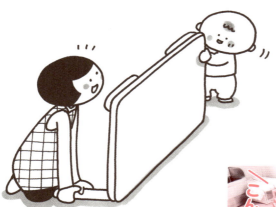

※机が倒れないように十分に注意しましょう。

言葉をかけながら

直線の"行きっぱなし"ではなく、回って同じ場所に戻ることで、"行ってきた"という感覚を味わえます。「こんにちは」や「おかえり」など言葉をかけることで、また進んでいく楽しみが増します。

こんにちは!

どっちに投げる?
あちこちぽいっ！

| 準備物 | プチプチシート、500mlペットボトル、スズランテープ
●ペットボトルにスズランテープを入れてプチプチシートを巻く。 |

スズランテープを入れる / プチプチシートを巻く

ペットボトルを振って遊ぶ

ペットボトルを振ったり、投げたり拾ったりして遊びます。

0歳児……たっち＆よちよちタイプ

遊びのツボ
指先も使える

握る力もついてきたころなので、やや太めのペットボトルを握ると、しっかりとつかんだ感触を得られます。プチプチシートを巻いているので滑らず、指先も使ってつかめます。

次々開けてみよう
どんどん進んでね

| 準備物 | ソフトビニール製の玩具、柔らかく小さめのボールなど、ペットボトルの底をカットしたもの（切り口はテープで補強） |

底を切ってテープで補強

歩いて次々に開ける

等間隔で玩具を置き、ペットボトルをかぶせます。
子どもに次々に開けていってもらいます。

距離を工夫して

子どもは興味を持ちつつも、目新しいものに対してはおそるおそる触ろうとします。でも楽しいということがわかると次々に手を伸ばして取ろうとします。ペットボトル間の距離を工夫することで、歩いて行こうとする意欲も出てくるのです。

うまく掛けられるかな?
はい、どうぞ!

準備物 フープ数個

フープを腕に掛ける

フープを床にばらまきます。保育者は両手をまっすぐ伸ばして「ここに掛けてね」と子どもたちに伝え、子どもたちがフープを持ってすべて掛けてくれたら、いっしょに歩きます。

※保育者は後ろ向きに歩く。

0歳児……たっち&よちよちタイプ

遊びのツボ

掛け方を考えながら

フープを掛けるには、どう持てばいいかを子どもたちなりに考えます。持ち方ひとつで違いがあるということに気づいていけるのです。

0歳児 たっち&よちよちタイプ

繰り返したくなるぅ〜♪
ごっとん、ゴロゴロ

準備物 やや大きめのボール、ボールが入る大きさの箱（子どもが両手で入れられるくらいの高さ）
- 箱の側面の上下に穴をあけ、底を斜めにしてボールを入れたら下から出るようにする。

ボールを入れて遊ぶ

ボールを箱に入れ、下から出てきたものを拾って、また入れて…と繰り返して遊びます。

遊びのツボ　繰り返して遊べる

ボールを入れた所と違う所から出てくるという不思議さが、子どもたちにとって楽しいポイントです。追いかけて取りに行き、また入れるということを繰り返して何度でも遊べます。

よちよちタイプ

鈴の音はどこから?
GO! GO! ちりり〜ん

| 準備物 | ひも、トイレットペーパーの芯、鈴、パフリング
●ペーパー芯の内側に鈴を付けてひもを通し、パフリングと結ぶ。 | 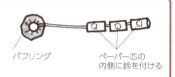
パフリング　　ペーパー芯の内側に鈴を付ける |

引っ張って音を鳴らす

パフリングを持って引っ張り、音が出るのを楽しんで遊びます。

0歳児……たっち&よちよちタイプ

 しっかり握って引っ張る　初めは、"引っ張ることで鈴の音が鳴る"ということを不思議に感じていますが、徐々に自分が動くことで鳴っているんだとわかってきます。パフリングだとしっかりと握ることができ、引っ張る意欲を増すことができます。

0歳児 よちよちタイプ

しっかり踏ん張って！
ぐらぐらたっち！

揺れるところでたっち

保育者は長座で座り、子どもはももの上に向かい合わせに乗ります。手をつないだら、保育者は軽く足踏みをするように「1、2、1、2」と動かし、揺れていても「たっち」をキープできるようにして遊びます。『雪』（文部省唱歌）などの歌をうたいながらしてもいいでしょう。

遊びのツボ
息を合わせて
初めはへっぴり腰になりがちですが、繰り返すうちにしっかりと立てるようになります。向かい合っていることで、互いの息を合わせることができるのもこの遊びのいいところです。

たくさん拾うぞ!
どっかん! ころころころ

カラーボールを拾う

台の上に厚紙の筒を置き、その中にカラーボールを入れます。「3、2、1、それ〜」の合図でひもを引くと下からカラーボールが落ちるので、子どもは拾いに行き、筒に戻します。

準備物：カラーボール、低めの台またはイス、厚紙
- 厚紙で筒を作り、ひもを付ける。

0歳児……よちよちタイプ

 筒は子どもの目の高さに

子どもの目の高さくらいに筒を準備することで、子どものワクワク感を引き出します。初めは保育者がひもを引き、慣れてきたらみんなでいっしょに引いてもおもしろいでしょう。

♥ わくわくポイント ♥
『毎日、同じことを短時間』

《たたいてコロ〜ン》(P.53) は、保育者が興味を示す子どもたちと2か月くらい毎日5〜10分程度していると（子どもが興味を示さない場合でも保育者だけでする）、

よく遊んでいる子どもたちの腕前はめきめき高まり、芯をうまく立てて、その上にボールをそっと置くようになりました。

そして、ただ眺めているだけだった子どもも1か月ほどたつと寄ってきて進んで遊び始めました。

毎日、短時間の活動でも同じ活動の繰り返しが、意欲とスキルをはぐくむことにつながり、何となく眺めていただけの子どもが、進んでしようという姿に変わりました。

1歳児

あそびの種類で4つに分けています。その時々に合ったものを選んで遊びましょう。

身近なもので

➡ P.70〜81

ティッシュケースやトイレットペーパーの芯など、身近なものが子どもを夢中にする玩具やしかけに大変身。

歌あそび

➡ P.84〜95

みんな知ってる曲だから、すぐに遊べる手遊びや体を動かす歌遊びを楽しめますね。

ふれあい遊び →P.98〜109

保育者との1対1のかかわりはもちろん、子ども同士のかかわりも深めていける遊びを紹介します。

ダイナミックに →P.112〜123

目いっぱい体を動かして楽しめる遊びです。子どもが十分に力発揮できる環境を整えるようにしましょう。

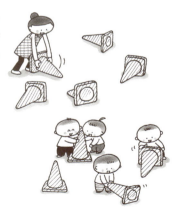

1歳児 身近なもので

引っ張ると…どうなる！？
グングンひも引き

準備物　針金ハンガー、新聞紙を丸めたボール、たこ糸、ゴムひも
●ハンガーにボールをたこ糸でぶら下げる。

ボールを引っ張る

ハンガーにひもなどを付けて壁にしっかりと固定して下げ、子どもの目線より少し高い位置にボールがくるようにします。一方のボールを引いたり手を離したりして、ボールの動きを楽しみましょう。

※たこ糸をゴムひもに変えると、さらに動きのおもしろさが増します。

遊びのツボ　探索行動から遊びへ

子ども自身の探索行動から遊びが始まります。新聞紙のボールに手を触れ、引っ張るまでの活動ができれば、後は反対側のボールが動く不思議さに引き込まれます。その後、たこ糸をゴムに変えてみれば、さらに遊びが展開します。

ここはどうかな?
箱の中からこんにちは!

準備物	ティッシュケース2個、トイレットペーパーの芯3本			
	ペーパー芯に顔を描く	ティッシュケースの底面に穴を3つあける(芯より1〜2mm大きめ)、切り口をテープではる	もうひとつのティッシュケースの底面に上記の箱の穴と合うようにふたつ穴をあける	重ねてテープなどで留める

ペーパー芯を差し込む

箱の穴にペーパー芯を差し込んで遊びます。

↓

ふたつの楽しさ
差し込んでみて初めてペーパー芯が途中で止まってしまうことに気づき、次にペーパー芯に描いてある顔を見て上下があることに気がつく、というふたつの楽しさがあることを保育者も理解して遊びましょう。

1歳児 身近なもので

1歳児 身近なもので

なになに？ どれにする？
タッチ&ぎゅーっ

準備物: ひも、棒、ボールいろいろ（新聞紙やタオルを丸めたもの、玉入れの玉　など）
●ひもを付けたボールを棒からつるす。

ボールをつかむ

保育者は子どもが手を上に伸ばしてつかめる高さにボールをつるし、子どもは順番につかんで遊びます。届くか届かないかの位置にして、タッチをして遊んでもいいでしょう。

＼えいっ／

遊びのツボ　いろいろなボールを準備する

ボールは色、素材、大きさの違うものを準備します。子どもは初めは不思議に感じていても、やがて好奇心へと変わってくことでしょう。少しずつ高くすることで意欲も増します。

※子どもの人数が多くなりすぎないようにしましょう。

ん？ なんか不思議だね
泡ブク・ブク

準備物 カップ　など

カップを裏返して泡を出す

カップを逆さにして水の中に入れ、水中で裏返して泡をブクブクッと出します。繰り返して楽しみましょう。

1歳児　身近なもので

 **科学の芽生えを促す環境を**　カップを裏返すと泡が出る、という遊びの繰り返しの中で、「ん？　不思議だね」と気づくのは、子どもながらの科学の芽生えといえます。子どもが不思議さに気づくような環境づくりを心がけましょう。

1歳児 身近なもので

わっ！ 動くよ！
うちわ そよそよ〜

準備物 うちわ、脱脂綿をちぎったもの（幅広のものをカットしてたくさん用意）

うちわであおぐ
ちぎった脱脂綿を床に置き、うちわでパタパタあおいで遊びます。

遊びのツボ　興味を持って楽しさを感じる
ふわふわ動くものに興味を持つこと、脱脂綿のふわふわの感覚に触れることが大切です。うちわであおいで動いたら、「わっ！ すごい！」と感じることが、遊びの展開につながる第一歩です。

ワクワクどきどきタイム
紅白玉でどっかん

準備物 テーブルクロス(布団のシーツでもOK)、玉入れの玉
- 玉入れの玉を床にランダムに置く。
- テーブルクロスは持ちやすいように四隅を片結びする。

1 玉入れをする

保育者はテーブルクロスを広げて持ち、「よーいスタート!」の合図で子どもたちは玉を入れます。

2 玉を飛ばす

全部入れ終わったら子どもたちは離れた所で座り、保育者は「5、4、3、2、1、0!」のかけ声で玉を飛ばします。繰り返して楽しみましょう。

1歳児 ‥‥‥ 身近なもので

※最後は箱などに入れてかたづけて終わります。
※テーブルクロスは子どもたちのほうを低く、反対側は少し高くすると入れやすくなります。また投げ入れる子どもがいても、玉が散らばりません。子どもに合わせて高さを調節しましょう。

遊びのツボ　友達の姿を見て学ぶ
玉を入れるだけの遊びですが、友達の姿を見ることで、遊びを理解していきます。その後の「玉が飛んでくる」というお楽しみが、子どもたちの意欲をさらにかき立てることでしょう。

1歳児 身近なもので

どんな色に見えるかな？
いろいろメガネ

準備物
ティッシュケース、
カラーセロハン（赤・青・黄・緑　など）
- ティッシュケースの底面に穴をあけ、上面の穴に裏からカラーセロハンをはる。

カラーセロハンを裏面からはる

底に穴をあける

メガネで周りを見る

子どもたちはメガネを持ち、周りの風景や保育室のようすを見て遊びます。保育者は「青色に見えるね」「〇〇ちゃん赤色メガネだね」などと言葉をかけましょう。

あかいろー

みえたー

※直接日光を見ないように注意します。

遊びのツボ　いつもと違う感覚を感じ取る

身近にあるティッシュケースなので、子どもたちはすぐになじむことができます。そしてカラーセロハンで色の付いた周りのようすを見ることで、子どもがいつもとは違った感覚を感じ取ることも大切でしょう。

おや？　これなんだ！？
ふりふりシェイク！

ペットボトルをシェイク

初めはペットボトルを自由に振って遊びます。慣れてきたら『コブタヌキツネコ』（山本直純／作詞・作曲）の歌に合わせて、いろいろな位置でシェイクしてみましょう。持ち方は横向きにします。

準備物　2Lのペットボトルに水を300ml程度入れたもの

1. こぶた（こぶた）

顔の位置で振る。

2. たぬき（たぬき）

おなかの位置で振る。

3. きつね（きつね）

ひざの位置で振る。

4. ねこ（ねこ）

手を上に伸ばして振る。

※動きを繰り返し、慣れてきたらテンポを少し速めてもいいでしょう。

遊びのツボ　身近なもので楽しむ
ペットボトルに水が入っている状態を見て、「これなんだ？」と感じるだけで、この遊びを楽しめます。後は、保育者と子どもが歌遊びを展開すれば、楽しさも十分に感じることができるでしょう。

1歳児　身近なもので

1歳児 身近なもので

待て待て！ 追いかけろー！
コロコロ びゅ〜ん！

準備物
トイレットペーパーの芯
●芯に切り込みを入れて、内側へ押し込む。
※切り込みは、風の力を内部で分散させるため。

追いかけて遊ぶ

風の強い戸外で、ペーパー芯を地面に置き、転がっていくのを追いかけます。室内で行なう場合は、うちわであおぐと転がります。

 不思議に思う気持ちで集中する

「なんだこれ？」という気持ちは、夢中になって遊ぶ姿への第一歩です。軽くあおぐだけでコロコロと転がる…不思議に思う気持ちが遊びへの集中につながっています。

それーっ！ きたぞ！
ボンボン風船

準備物

45Lのポリ袋、風船
- ポリ袋の底の角を結んで裏返し、中に風船を3個ほど入れてポリ袋にも空気を入れて膨らまして、口を数回ねじってくくる（数個作る）。
※中に風船が入っているため、すぐにしぼまないので長く遊べ、風船が割れても破片が外に出ないので安全です。

数回ねじってくくる
角を結んで裏返す

全身を動かして遊ぶ

ポリ袋を転がす、手で弾く、ギュッと両手でつかむ、追いかける、上に乗る、ジャンプしてタッチする、キックする、などさまざま動きで遊びます。自分の体より大きなものをつかむことで、全身を動かせます。

えいっ

1歳児 …… 身近なもので

遊びが持続する

すぐにしぼんでしまうと、子どもたちの遊びに対する楽しさが半減してしまいます。しかし、中に風船を入れることで遊びを持続させることができ、集中して取り組むことができるでしょう。

79

1歳児 身近なもので

やってみよう！
ひゅ～っ ストン！

| 準備物 | トイレットペーパーの芯、ペットボトルのキャップ6個、ビー玉3個、ビニールテープ
●キャップにビー玉を1個入れ、もうひとつのキャップをかぶせてビニールテープで留める。 |

ビニールテープで留める

ペーパー芯の中にキャップを入れる

テーブルの上にペーパー芯を立て、そこにキャップを入れていきます。3個入れたらペーパー芯を上へそっと引き上げます。崩れないように集中して引き上げるようにしましょう（片手を添えてもOK）。最後はバ～ンと手で崩し、繰り返し遊びましょう。

そーっと…

パッ

遊びのツボ　子どもの発達を見ながら

キャップを入れる→手を添えてペーパー芯を上げる→崩す、という展開があることで、遊びを持続させることができます。1日だけで終わらず、子どもの発達を見ながら次年度にも遊びを持続させていく方向で遊びと向き合うことが大切でしょう。

どうなるんだろう？
ころころ ドン！

| 準備物 | 斜面板、280〜500mlの筒型ペットボトル（水を入れる）、A3サイズの的（段ボール板に紙をはり、L字に折り曲げて立たせる） |

転がして的に当てる

斜面板の少し離れた位置に的を置きます。上からペットボトルを転がし、的に当てて繰り返し遊びます。

※水の量は、満タン、半分、3分の1に調節しましょう。

子どもが選べるように

ペットボトルの水の量が異なると転がり方も変わり、1歳児ながらにどのペットボトルが遊びやすいのかを自分で考えて選びます。子どもが自由に選べる環境をつくることが大切です。

1歳児 身近なもので

♥わくわくポイント♥
『壁を使うと意欲と安心感』

《ロッククライミングふう》(P.46)だけでなく、《ぶんぶんはちさん》(P.99)、《温泉へゴーッ!》(P.122)などの設定場所として片側に壁があると、子どもたちはより意欲的になります。

《こおろぎチロチロ ゴー!》(P.89)のような全力でダッシュする活動でも、動線を壁際に置くほうが子どもたちはスピーディな動きになる傾向があります。壁の力はすごい!

1歳児 歌あそび

タッチで遊ぼう
あたま・かた・ひざ…

『あたまかたひざポン』の替え歌でふれあい遊び

みんなで自分の体にタッチして遊びます。

1. あたま かた ひざ

「♪あたま かた ひざ」で両手で順にタッチする。

2. ブー ひざブー ひざブー

「ポン」を「ブー」に変えて「♪ブー ひざ ブー〜」と、鼻とひざを交互にタッチする。

3. め みみ はな くち

それぞれを手でタッチ。

アレンジ いろいろな動物で

「ポン」の部分を「ピョン」にして手を頭に乗せてウサギのポーズ、「パオーン」で手をゾウの鼻のように、などでも楽しめます。

『あたまかたひざポン』のメロディーで
作詞／小倉和人　イギリス民謡

遊びのツボ　なじみのある動物で

なじみのある手遊びと動物の動きを組み合わせます。子どもたちでもわかる動物にすることで、スムーズに遊べます。

昔懐かしい歌を使って
『桃太郎』でトントントン

『桃太郎』の歌でふれあい遊び

「ひげじいさん」の手遊びの要領で、ふれあい遊びを楽しみます。

1. ももたろうさん　ももたろう…

手をトントン。

2. さん

頭にグーをくっつける。

3. おこしにつけたきびだんご

手をトントン→「ご」で
腰にグーをくっつける。

4. ひとつわたしにくださいな

手をトントン→「な」で
手のひらを上に向けて出す。

『桃太郎』
作詞／岡野貞一　文部省唱歌

1歳児　歌あそび

遊びのツボ　体の名前を覚える

繰り返すことにより、「この歌のときには、頭」などポイントとなる動きを理解していきます。遊びの中で自分の体の名前を覚え、また昔からある歌にもふれる機会になります。

1歳児　歌あそび

出るかな？ 出るかな？

でんでん指遊び

『かたつむり』の歌に合わせて遊ぶ

リズムに合わせてひとさし指を出し入れして遊びます。

1. でんでん

手をグーにして前に出す。

2. むしむし

両手のひとさし指を立てる。

3. かたつむ

グーにする。

4. り

ひとさし指を頭の上に付けて角のようにする。

5. おまえのあたまはどこにある
1～4を繰り返す。

6. つのだせ

腕を上に上げる。

7. やりだせ

手をグーにして前に出す。

8. あたまだせ

いないいないばあをする。

『かたつむり』　文部省唱歌

遊びのツボ
リズムに合わせてゆっくりと

子どもたちの知っている歌で、ゆっくりとリズムに合わせて遊ぶことが大切です。ひとさし指を出し入れすることで微細運動にもつながります。最後の「いないいないばあ」も楽しめるように配慮しましょう。

知っている手遊びで水に慣れよう
『いわしのひらき』でパチャパチャ

歌に合わせて水を触って遊ぶ
水慣れが進む手遊びです。

1. いわしのひらきが

水中でグーをする。

2. しおふいて

水面ぎりぎりに手を上げる。

3. パッ

指で水をはじく。

4. ソレッ ズンズンチャッチャ〜

水面をパチャパチャとたたき、「ホッ」でやめる。

※初めは水のはじき方、たたき方も小さめにしましょう。慣れてきたら、「♪くじらのひらきが〜」の歌詞で歌い、最後を「ドッカーン」と少し強めに水面をたたくとおもしろいでしょう。

『いわしのひらき』作詞・作曲不詳

 めりはりをつけて

水遊びの前に、この曲で手遊びをしておくとスムーズにいくでしょう。水がかかっても「ホッ」で遊びが終わるので、パチャパチャと水面をたたき遊び続けることもなく、めりはりを持ちながら遊べます。

1歳児 歌あそび

1歳児　歌あそび

野菜の名前でふれあい遊び
トマトでトントントン

異年齢児といっしょに手遊びをする

『キャベツはキャ』の歌に合わせてふれあいます。

1. トマトは

手拍子（4回）。

2. トントントン

向かい合わせで手の
ひらタッチ（3回）。

3. キャベツはキャキャキャ

手拍子（4回）の後、互いに
笑顔でリズムを取りながら、
「キャ」を3回言う。

4. キュウリはキュキュキュ

手拍子（4回）の後、
こちょこちょをする。

5. ダイコンはコンコンコン

手拍子（4回）の
後、手をグーにし
て互いの頭をグー
タッチし、最後の
「コン」でべーっ
と舌を出す。

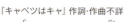

保育者と遊んでもいいでしょう。

 まねをしてコツをつかむ　異年齢児が1歳児に優しく接することで、1歳児も自分から手拍子しようとするなど、ふれあいを楽しめるようになります。1歳児は異年齢児の姿をよく見てまねをすることで、遊びのコツをつかめるでしょう。

歌と合図で遊ぼう！
こおろぎチロチロ ゴー！

『こおろぎ』の歌に合わせて遊ぶ

手遊びの後、体を動かして遊びます。

準備物
マット2枚
● マットを3〜5m離して置く。

1. こおろぎ

手拍子を4回する。

2. チロチロリン

頭を3回軽くたたく。

3. こおろぎ コロコロリン

手拍子（4回）の後、ひざを3回たたく。

4. チロチロリン コロコロリン

頭を3回、ひざを3回たたく。

5. くさのなか

手をひざにおき、「ゴー！」の合図で前方のマットに向かって走る。

※歌のテンポをゆっくりにして、子どもに合わせましょう。

1歳児　歌あそび

『こおろぎ』
作詞／関根栄一　作曲／芥川也寸志

こ お ろ ぎ　チロチロリン　こ お ろ ぎ　コロコロリン

チロチロリン　コロコロリン　く さ の な か

遊びのツボ　遊びの流れを身につける

繰り返すうちに遊びのコツやルールを理解していきます。初めは歌って遊んで、その後マットへ移動、と展開することにより、子ども自身も遊びの流れをしぜんと身につけていくことでしょう。

1歳児 歌あそび

次はだれのおめめかな?
動物おめめ

『あがりめさがりめ』(わらべうた) に合わせて遊ぶ

わらべうたに、いろいろな動物のアレンジをくわえて楽しみます。

1. あがりめ　さがりめ

目じりを上げ下げする。

2. ぐるりとまわして

目じりを回す。

3. ねこのめ

目じりを横に引っ張り、その後「にゃ〜ん」と鳴く。

アレンジ　パンダのめ

1、2は同様に、パンダの目をしてからパンと手拍子1回。

ライオンのめ

1、2は同様に、顔の横でツメを立てて「ガオ〜ッ!」と言う。

 遊びのツボ　知っている動物で

わらべうたの中に子どもたちがよく知っている動物の動きや鳴き方を取り入れることで、子どもたちの興味・関心が深まります。

懐かしい歌で遊ぼう！
ハイハイきんたろう

『金太郎』の歌に合わせて遊ぶ

歌に合わせて全身を動かして遊びます。

1. まさかりかついで　きんたろう〜

両足ジャンプ（またはひざでリズムを取る動き）をしながら手拍子を取り、両手を上げるポーズ、を繰り返す。

2. ハイシドウドウ　ハイドウドウ〜

離れた場所までハイハイで移動する。

『金太郎』
作詞／石原和三郎　作曲／田村虎蔵

まさかり　かついで　きんたろ　う

くまに　またがり　おうまの　けいこ

ハイ シドウドウ ハイドウドウ　ハイ シドウドウ ハイドウドウ

1歳児　歌あそび

やる気を持続させる

「♪〜おうまのけいこ」から「♪ハイシ〜」へ動きが変化するところを、うまく促すことが大切です。その後、「もう1回！」と、子どものやる気が持続するよう、すぐさま繰り返すところに楽しさがあります。

1歳児 歌あそび

みんなでかくれんぼ
とんとん・パチパチ

『かわいいかくれんぼ』の歌に合わせて遊ぶ

歌に合わせて手遊びといないいないばあで遊びます。

1. ひよこがね〜

向かい合って座り、ひざを1回たたき、手拍子を1回する(ようすを見てひざ2回、手拍子2回でもよい)。

2. だんだんだーれがめっかったー

両手で顔をおおい、いないいないばぁ。保育者は「〇〇ちゃん見ーつけた!」など声をかけ、繰り返し遊ぶ。

『かわいいかくれんぼ』
作詞/サトウハチロー　作曲/中田喜直

ひよこがね　おにわでぴょこぴょこ　かくれんぼ

どんなにじょうずに　かくれても　きいろいあんよが

みえてるよ　だんだん　だれがめっかった　ー

遊びのツボ　初めは1回ずつから

ひざ1回、手拍子1回から始めるほうがリズムを取りやすいでしょう。慣れてから、とんとんパチパチと2回ずつにしましょう。最後のいないいないばあをすることで繰り返し遊ぶ意欲がわきます。

次は、あっち!
行くぞ! 行くぞ!

やりとりして遊ぶ

「♪おちた おちた なにが おちた」の替え歌でやりとりしながら遊びます。

準備物　マット、カラー標識、イスなど目印になるもの

(保育者)「♪いーくぞ いくぞ」
(子ども・保育者)「♪いーくぞ いくぞ」
(保育者)「♪どーこにいくの?」
(子ども・保育者)「♪どーこにいくの?」
(保育者)「マット!」
子どもたちはマットに移動します。

慣れてきたら、カラー標識、○○先生、などの場所を言って遊んでもいいでしょう。

1歳児 歌あそび

遊びのツボ　**行き先をわかりやすく**　保育者からの言葉を理解できるようになる時期なので、自分の目で確かめられる行き先がきちんとあることがポイントです。目的地をしっかりと確保して、子どもにわかりやすい言葉をかけましょう。

1歳児 歌あそび

タイミングよく座ろう！
メリーさんのお座り

『メリーさんのひつじ』を歌って遊ぶ

歌いながらマットの周りを元気良く歩きます。歌い終わったら、みんなでマットに座ります。繰り返し楽しみましょう。

準備物 マット2枚

慣れてきたらマットの数を増やし、近くのマットに移動できるか、辺りを見渡して近いところに座るという判断ができるかどうかを楽しんでもいいでしょう。

遊びのツボ　簡単なルールを繰り返す

簡単なルールで遊びをすぐに理解できること、なじみのある歌を使うことで、子どもたちは遊びに対する意欲を増します。単純な遊びですが、繰り返すことにより楽しさも笑顔も増えていくでしょう。

次はどこにくっつける?
くっついた!

『ごんべさんの赤ちゃん』(アメリカ民謡)の替え歌で遊ぶ

歌に合わせて動き回って遊びます。

1. てくてくてくてく あるきましょう〜(3回)

自由に歩き回る。

2. はじめはどこにくっついた

「くっついた」の後に「おしり」と言って、おしりを床にくっつける。保育者は「くっついたね〜」と子どもたちに声をかける。

歌詞の「はじめは」の部分を「こんどは」「おつぎは」「さいごは」と変えて繰り返します。くっつく場所も「おしり」「おなか」「せなか」「おてて」など変え、友達同士でくっついてもいいでしょう。

1歳児　歌あそび

遊びのツボ　くっつけることを楽しむ

自分の体の一部を床や友達の体にくっつける楽しさを繰り返すことがポイントです。歌の終わりに必ず体の部位を言って、子どもたちの期待感にこたえていくことが大切です。

★ なるほどエピソード ★
『遊びの広がり』

《動物おめめ》(P.90)を毎朝のようにしていました。すると、絵本を読んでいて、「ネコ」が出てくると、何人かの子どもが「ね〜このめ!」と言って遊びながら、絵本に近づいて、みんなで大盛り上がり。

ほかにも、お散歩に行った先で、パンダの置きものがあると、そこでも「パンダのめ」とだれかが言いだして、そこに集まっていく子どもの姿がありました。

ひとつの遊びがあちこちで広がったお話です。

★ なるほどエピソード ★
『やっぱり、みんないっしょで』

子どもは保育者以上に子ども同士の影響を受けて学び合っています。《ぎゅ〜ぎゅ〜橋》(P.107)などをしていると、そのうち自然発生的に1歳児だけで、5〜6人が輪になって"手をつないでぐるぐる"をするようになりました。
その中にはなんと0歳児が遊びに混ざる姿も見えました。どこでどんなふうに相談したのでしょう？

1歳児 ふれあい遊び

何回も何回も「ぱぁ!」しよう

いろいろ いないいないばぁ

準備物: ハンカチ、パフリング

① 手で、いないいないばぁ

手でいないいないばぁをします。

② ハンカチで、いないいないばぁ

慣れてきたらハンカチでします（ハンカチは子どもが取ります）。

③ パフリングで

次はパフリングでします。パフリングの穴から子どもの表情を見ることができます。

遊びのツボ　同じことの繰り返しが大切

初めの手でする「いないいないばぁ」を十分に楽しむことが大切です。ハンカチやパフリングなどを使っても、子どもの動きは手で遊んでいたときと近いものになります。同じことの繰り返しが子どもにはとても大切だといえるでしょう。

こわいけど、おもしろーい!
ぶんぶんはちさん

『ぶんぶんぶん』(作詞/村野四郎 ボヘミア民謡)の歌でふれあい遊び

保育者と子どもが向かい合って座り、スキンシップを楽しみます。

1. ぶんぶんぶん　はちがと…

向かい合わせで座り、保育者はひざを上下に数回揺らす。

2. ぶーっ!

保育者はひざを開いて、子どもはドスンとしりもちをつき、またひざの上に座る。

3. おいけのまわりに のばらがさいたよ

互いに1本指でツンツンタッチ。

4. ぶんぶん〜

ひざを揺らしてしりもち、を繰り返す。

遊びのツボ　スキンシップを楽しむ

歌の速さは、子どもたちの呼吸を読み取るようにしましょう。また、しりもちをついたり、ツンツンタッチをする速さを変えたりすることで、スキンシップが深まります。

1歳児　ふれあい遊び

1歳児 ふれあい遊び

歌に合わせてスキンシップ
ゴロンでわっはっは

① 子どもはあおむけになる

1. なべなべそこぬけ　そこがぬけたら

あおむけで寝ている子どものおなかを『なべなべそこぬけ』の歌に合わせて、さする。

2. かえりましょ

寝返りをさせる。

② 歌と動きを繰り返す

次はうつぶせのままリズムに合わせて背中をさすります。「♪かえりましょ」であおむけに戻り、子どもの顔を見ながらこちょこちょをします。

期待感が持てるようにこちょこちょすると、繰り返し遊べるでしょう。

『なべなべそこぬけ』わらべうた

遊びのツボ
タイミングよく遊ぶ

「♪かえりましょ」でタイミングよく寝返りができれば、この遊びをもっと楽しめるでしょう。保育者は子どもの期待感にこたえられるよう配慮しましょう。

いろいろなところで挟んじゃおう!
挟んでギューッ!

準備物 分厚いスポンジ(100円ショップなどで3〜4個セットで購入可)

体を近づけてスポンジを絞る

水を含ませたスポンジを、ふたりで胸やおなかで挟み、ギューッと水を絞って楽しみます。手のひら、おしりなど体のいろいろな部位でやってみましょう。

1歳児 ふれあい遊び

絞る楽しさを経験する

スポンジをギューッと絞ると水が出る、ということを子どもたちが認識すれば、この遊びを十分に楽しむことができます。保育者といっしょにいろいろな部位で挟み、「ギューッ」で水が出てくる楽しさを十分に経験することで、遊びを深めていきます。

1歳児 ふれあい遊び

ふしぎなおふろ!?
おふろちゃぷちゃぷ

① 異年齢児がおふろを作る

異年齢児がふたり組になって手をつなぎ、おふろを作ります。1歳児が来たら片方の腕を上げて中に入れ、いっしょに「1、2、3〜」と数をかぞえます。

② いろいろなおふろで遊ぶ

「10」の後に、保育者が「〇〇おふろ!」と言って、それぞれの動きで遊びます。ひとつのおふろごとに「あ〜気持ち良かった!」と言って、ほかの子どものおふろに移動して、繰り返し楽しみます。

コチョコチョおふろ

コチョコチョする。

ツンツンおふろ

指で体じゅうを優しくツンツン。

フーフーおふろ

顔にフーッと息を吹きかける。

遊びのツボ

「またしたい」気持ちを引き出す

おふろは異年齢児が入り口を作ることで入りやすくなり、入れたら、ふれあい遊びの楽しさが味わえます。「あ〜気持ち良かった!」でひと区切りして、「またしよう!」と子どもの気持ちを引き出すことが大切です。

さぁ、ふれあい手遊び始めよう！
友達にグー・チョキ・パー

手遊びをする

『グーチョキパーでなにつくろう』（フランス民謡）のメロディーで、友達や保育者とふれあいながら遊びます。

1番 ♪グー チョキ パーで〜　　♪なにつくろう〜　　♪右手がグーで
　　　　　　　　　　　　　　　　　　　　　　　　　　左手もグーで
　　　　　　　　　　　　　　　　　　　　　　　　　　こぶじいさん
　　　　　　　　　　　　　　　　　　　　　　　　　　こぶじいさん

両手でグー　チョキ　　　両手をパーにして　　　ほおにグーを
パーをする。　　　　　　左右に揺らす。　　　　くっつける。

2番 ♪右手がチョキで　　　　　**3番** ♪右手がパーで
　　　　左手もチョキで　　　　　　　　　　左手もパーで
　　　　カニさん カニさん　　　　　　　　　すーりすり すーりすり

体をチョキでタッチする。　　　　　手のひらで胸からおなかをさする。

※1番が終わるとすぐに、「はい次、♪グーチョキパーで〜」とリズミカルに
　2番に進めましょう。

 テンポよく展開する　間延びせずに2番、3番へと進めることが大切です。次々に展開することで、遊びがテンポよく進み、子どもたちも期待感を持って参加できるでしょう。

1歳児　ふれあい遊び

1歳児 ふれあい遊び

おっ！ きたきたきたっ
みんな起きて〜！

準備物 マット、新聞紙

① 新聞紙の布団を掛ける

マットの上に、3〜4人の子どもが並んで寝ます。ほかの子どもは、マットの周りを囲んで座ります。保育者は「お布団を掛けま〜す」と言って新聞紙を掛けます。

② 手遊びしてこちょこちょ

『一本橋こちょこちょ』(わらべうた)をうたいながら、周りの子どもたちは新聞紙の上に指を置いて手遊びをします。「♪〜かいだんのぼって こちょこちょこちょ」と寝ている子どもをくすぐって起こしてあげます。

交替して繰り返しましょう。

遊びのツボ
期待感を共有する

「ん？ なんだろう？」「あっ、きたきた！」という寝ている子どもたちの期待感を、保育者も周りの友達も共有して遊びます。する側、される側を交替して楽しむことがポイントです。

言葉でスキンシップ

紙コップで、はいどうぞ！

準備物: 紙コップ、玉入れの玉、カゴ

玉をコップで運ぶ

子どもは紙コップを持って、保育者に玉入れの玉を入れてもらいます（「はいどうぞ」「ありがとう」という感じで）。紙コップを持って運び、少し離れた所にあるカゴの中に入れます。そこでも「はいどうぞ」「ありがとう」のやりとりをしましょう。

繰り返して遊び、やりとりを楽しみましょう。

遊びのツボ　言葉のやりとりもスキンシップ

「はいどうぞ」「ありがとう」の言葉やおじぎなど、子どもは保育者とかかわりを持つことが楽しくて、遊びを続けようとします。体に触れることだけがスキンシップではなく、言葉のやりとりでも同様の効果があるといえるでしょう。

1歳児　ふれあい遊び

1歳児 ふれあい遊び

どこまで行くかな?
ロケットはっしゃー

ひもを伝って進む

ひもにロケット(ペーパー芯)を通します。子どもはロケットを持ち、「3、2、1、0、はっしゃー!」の合図でひもを伝って進みます。ゴールまできたらロケットを外してもらってスタートまで戻り、繰り返し遊びます。

準備物　トイレットペーパーの芯やラップの芯、荷造り用のひも

3、2、1、0 はっしゃー!

初めは、ひもの角度を水平にし、慣れてきたら、子どもの手の届く範囲で高低差をつけましょう。ロケットに子どもがシールはりなどしてもおもしろいです。

遊びのツボ
見る・聞く・まねる

「どんなことをするのかな?」と保育者の姿を見て、話を聞いて、まねをすることから入ることで、子ども自身が意欲を持って取り組める遊びへと発展します。見る・聞く・まねるがポイントです。

寒いときに、みんなでスキンシップ

ぎゅ〜ぎゅ〜橋

『ロンドン橋』（イギリス民謡）でスキンシップ

保育者数人が手をつないで輪を作り、子どもたちは輪の外にいます。『ロンドン橋』を歌いながら保育者は手を上げ、子どもたちは輪の中に入ります。歌が終わって全員入ったら保育者は手を下ろし、おしくらまんじゅうのようにぎゅ〜っとふれあいます。「さぁ、ぎゅ〜ぎゅ〜橋始まるよ」の合図で外に出て、初めから繰り返します。

慣れてきたら保育者と子どもで輪を作ってもいいでしょう。

遊びのツボ
楽しそうな雰囲気をつくる

子どもが輪の中へ入りたい気持ちになるような雰囲気や環境づくりが大切です。「なんだかおもしろそう！」と子どもが感じると、しぜんに自分から入ってくるでしょう。

1歳児　ふれあい遊び

1歳児 ふれあい遊び

準備物：マット
● マット2枚を向かい合わせに離して置く。

ハラハラ ドキドキ
オオカミなんか怖くない！

ハイハイで逃げて遊ぶ

子どもたちはマットに座り、オオカミ（保育者）はマットの前に座ります。いっしょに『狼なんか怖くない』（作詞／アン・ロネル、作曲／フランク・チャーチル）をうたい、歌い終わったらオオカミが「オオカミが来たぞ〜」と言います。子どもたちはハイハイで反対のマットに逃げ、オオカミもハイハイで追いかけます。全員がマットに入ったら、「あ〜よかった〜！」と言ってひと区切りします。

「次は○○に逃げよう！」と子どもたちと相談して場所を変えても、遊びが展開していくでしょう。

遊びのツボ
期待感が持てるように

子どもは捕まらない程度に追いかけられると喜び、捕まるときげんを損ねます。楽しい歌と友達とのかかわり、保育者との信頼関係の中で、捕まりそうで捕まらないギリギリのラインで遊ぶことで、子どもの心に期待感が芽生えます。

おにいちゃん、おねえちゃんと遊ぼう！
ふれあいペンギン

『あたまかたひざポン』（イギリス民謡）の替え歌で遊ぶ

1. ペンギンさん　あるこう〜

5歳児は1歳児と向い合わせで両手をつなぎ、5歳児はリズムに合わせて後ろ歩きをしながらいっしょに歩く。

2. バンザイしましょう

歌い終わったらそのまま手を離し、「バンザ〜イ」と言って手を上げる。

3. さいごは　ギュ〜ッ

ギュ〜ッと抱き締める。

 変化が楽しい

バンザイやタッチ、最後の「ギュ〜ッ」などの変化は、どれも子どもにとってうれしいものです。遊びの見通しを1歳児と5歳児が共有できることも楽しさのひとつでしょう。

※歌詞を「ペンギンさん　ジャンプ〜」で手をつないだままその場でジャンプ、「ペンギンさん　タッチ〜」では両手をタッチ、「ペンギンさん　はやあるき〜」で早歩き、などに変えて繰り返します。
※メロディーはP.84にあります。

★ なるほどエピソード ★
『乳児が乳児を』

《いろいろいないいないばぁ》(P.98)をよく遊んでいた1歳児。泣いている0歳児の子どもがいるとその子の頭に持ってきた布をかぶせて「イナイイナイ」と言って、その子が"バァ"と返すのを待っているようす。ずっと泣いたままだったので、1歳児の子は、自分で布をめくって「バァ！」と言いました。乳児が乳児をあやしている場面でした。

★ なるほどエピソード ★
『モデルを見ることの大切さ』

《ロケットはっしゃー》(P.106) では、1歳児クラスの中でも、高月齢児がしている姿を見て、低月齢児がやってきて遊ぶ姿や、《うんとこしょ!》(P.120) も2歳児がふたり組で競技式に行なっていると、部屋に戻ってふたりで引っ張ろうとする1歳児の姿が出てきました。一見、何も見てないようでも実は、よく見ている、これが0歳児、1歳児の姿ですね。

1歳児 ダイナミックに

坂の上から転がそう！
ころころりん

ペットボトルを転がす

坂の上からペットボトルを転がし、転がる速さの違いを見て楽しみます。ペットボトルの中に、プラチェーンやキラキラテープを切ったものを入れてもいいでしょう。

準備物
段ボール板または踏み切り板、500mlペットボトル（円形のもの）3本
- 段ボール板や踏み切り板などで坂を作る。
- それぞれのペットボトルに水を200、300、400mlずつ入れる。

遊びのツボ　坂の角度設定が大切

坂は、角度をつけすぎると転がる速度が速くて子どもは目で追えず、あまりにもゆっくりすぎるとおもしろみが半減します。子どもが楽しめる角度に設定することが大切です。

<ruby>じ〜っと<rt></rt></ruby> がまんガマン
ペーパー芯でトントントン

| 準備物 | トイレットペーパーの芯数個、子ども用のベンチや机 |

芯を倒して遊ぶ

ベンチにペーパー芯をたくさん立てて並べ、みんなでベンチをトントンたたきます。ペーパー芯が倒れたり落ちたりしたら、保育者は「拾って拾って！」と声をかけ、子どもたちはペーパー芯を集めて繰り返します。

並べきらないうちにトントンしてしまう子どもには、「待つこと」を伝えましょう。「手を出したいけど、まだ出せない」という状態がおもしろさを増幅します。

遊びのツボ　待つことを伝える

並べている途中で倒してしまう子どもには、その行動を認めて、次からは「まだまだ、もう少し待ってね」などと声をかけます。その後、たくさんのペーパー芯を一斉に倒したときの喜びを感じ取れれば、次回からは待てるようになるでしょう。

1歳児……ダイナミックに

1歳児 ダイナミックに

うまくバランス取れるかな？
ゆらゆらトンネル

準備物：マット、フープ数本
●マットを数本のフープに通して半円形にする。

揺れるマットでバランスを取る

子どもはマットの中に入り、保育者はフープを持ってゆらゆらと揺らします。わらべうた『おふねはぎっちらこ』を歌うといいでしょう。子どもは転ばないように踏ん張ります。

♪おふねが ぎっちらこ ぎっちらこ ぎっちらこ

ゆらゆら～

遊びのツボ
揺らし方を調節する

子どもの状態に応じて揺らす大きさを調節しましょう。歌が終わってトンネルから出ると、次の子どもに交替します。待つ子にも好奇心と期待感が芽生えるでしょう。

これでヘッチャラ！
あめあめ ふれふれ！

準備物 透明のビニール傘、シャワーホース

プールで傘をさす

プールの中にシャワーをかけます。保育者は「雨だ～！」と言って傘を開き、子どもたちに「中においで～」と誘いかけます。シャワーが止まったら、「やんだね」と言って傘を閉じます。シャワーが出たら再び傘を開き、繰り返し楽しみます。

『あめふり』（北原白秋・作詞／中山晋平・作曲）の歌をうたっても楽しくできるでしょう。遊びを通して水に対する恐怖心が和らぐようにします。

 **シャワーを調整する** 水に慣れていないうちは、霧雨状のシャワーがいいでしょう。繰り返すうちに遊びにも水にも慣れ、それから通常のシャワーにすると、楽しさも増してくるでしょう。

1歳児 ダイナミックに

1歳児 ダイナミックに

いろいろマットを歩こう！
マットー直線！①

準備物 マット、踏み切り板、はしご（巧技台用）
● 図のようにマットなどを並べる。

順番に歩く

初めはマット→はしご→踏み切り板を順番に歩いて遊びます。ある程度経験したら、はしごと踏み切り板の上にマットを敷いて、アンバランスさを楽しみながら順番に歩きます。

※足の裏の感覚遊びと体のバランス遊びを兼ねているため、走らずに歩くようにしましょう。

準備も見よう！ 準備するところを子どもたちもいっしょに見るといいでしょう。そして、まずふつうに歩くことを経験してから上にマットを置くことで、子どもがみずから「行ってみよう！」という気持ちになり、スムーズに遊べます。

おっ? 行けるかな?
マットー直線!②

準備物 マット2枚、大型積み木2個、園児用イス8脚
● 園児用イス4脚を背中合わせにしてマットをかぶせて山を作り、図のようなコースを作る。

マットの山を越える

マットの山→大型積み木の橋→マットの山、と進んでいきます。

マットをかぶせる

※イス4脚を固定し、マットの両端は余らないほうがいいでしょう。

よいしょ

遊びのツボ　力発揮できる環境をつくる

子どもたちが力発揮できる環境を整えることが大切です。マットの山という目標物があることで、活動意欲を出しながら何度も繰り返して遊べることでしょう。

1歳児 ダイナミックに

1歳児 ダイナミックに

みんな手伝って！
倒して起こして

倒れたカラー標識を起こす

準備物 カラー標識数個

保育者はあらかじめカラー標識を倒しておきます。そこに子どもたちを集めると、しぜんにカラー標識を起こし始めます。全部起こしたら、保育者が倒して、子どもが起こす、を繰り返し楽しみます。

準備 / **子どもが集まると…**

※カラー標識の穴をのぞき込む子ども、押す子どもなどさまざまですが、初めはどんな動きをするのか見守ってあげましょう。

\よいしょ/

\てがはいった/

遊びのツボ いっしょに起こすうちに楽しくなる

カラー標識が倒れていることが、子どもにとっては違和感があるようです。それを友達といっしょに起こすうちに楽しくなってきて、友達との関係性を深めることができます。

おっ！ きたきたぁ
コーンで
どこまでも…

準備物: カラー標識、玉入れの玉

カラー標識で玉を集める

玉入れの玉を床にランダムに置きます（山積みの部分も作る）。子どもたちはカラー標識を持って押しながら、玉を集めて遊びます。

\えいっ/

重さを感じながら　玉がカラー標識にたまっていく感覚がわかれば、どんどん集めて楽しめるでしょう。そのためには、初めは山積みになっている玉を押して、子どもなりに手に重さを感じてからするといいでしょう。

1歳児……ダイナミックに

1歳児 ダイナミックに

力を入れて！
うんとこしょ！

| 準備物 | フープ(65cm)、1.5〜2Lのペットボトル、ひも、水
●ペットボトルに水を入れ、フープにひもでつなげる。 |

結ぶ

フープを引っ張る

フープを引っ張って遊びます。ひとりで難しければ友達と力を合わせてもいいでしょう。自由に動いて楽しみます。

遊びのツボ — **水の量を調整する**　ひとりで引きたい子ども、少し重いものを友達に手伝ってもらうことを楽しむ子どもがいるので、ペットボトルの重さが重要です。それぞれの場合を想定して準備しましょう。

出口どっち〜！？
もぐりっこトンネル

準備物
マット、シーツ(テーブルクロス)
●マットの持ち手に、シーツをくくり付ける。

シーツのトンネルをくぐる

子どもたちは一定方向から、腕を押し上げながら進んで遊びます。2か所ほど設置して、何度も取り組めるようにしましょう。

 遊びのツボ

トンネルはゆとりのあるものに

シーツの大きさがポイントです。トンネルをくぐるときにゆとりがないと、子どもが混乱します。ゆったりとした空間のトンネルを設定することで、自分の力で進めるようになり、楽しさも倍増します。

1歳児　ダイナミックに

歳児 ダイナミックに

ひざを上げて進もう！
温泉へゴーッ！

準備物 段ボールを12〜15cm程度に輪切りにしたもの、タライ、積み木など
●段ボールの枠を重ねて並べ、タライや積み木などで温泉を作る。

段ボールの枠をまたいで進む

ひとりずつ順番に、ひざを十分に上げながら段ボールの枠をまたいで進んで行き、最後に温泉（タライ）につかって「あ〜、おふろ気持ち良いね！」と言って出ます。

 **ことばがけでスムーズに** 　子どもが遊んでいるときにことばがけをすることで、スムーズに進めるようになるでしょう。入り口と出口を子どもにもわかりやすく設定することで、見通しがつき、繰り返し遊べるようになるでしょう。

次はぼくもする！
マットでビューン

準備物: 短縄数本、マット

異年齢児と遊ぶ

マットの持ち手に短縄を結びます。1歳児をふたりぐらい乗せて、5歳児数人が短縄を引っ張って運びます。

※1歳児が引っ張りたいという気持ちになったときは、1歳児にも引いてもらいましょう。

せーの！

遊びのツボ

1歳児も引っ張る

初めはゆっくり引っ張ってもらうようにしましょう。5歳児に声をかけてスピードを調整してもらってもいいでしょう。1歳児の子どもたちは5歳児の引っ張る姿を見ています。そこで自分たちも引っ張ってもいいんだよ、という環境をしぜんにつくることがポイントです。

1歳児……ダイナミックに

♥ わくわくポイント ♥
『突然、遊具とミュージック』

《マットー直線！①》(P.116)のような「運動系」の設定をして遊ぶ場合、20分以上続けないほうが子どもは意欲を示します。例えば、2週間連続で、おやつの時間の5分前に、突然設定し、なじみのある音楽を2曲(おおむね5分くらい)流して、その間、遊びを促して、終われば「おしまい」でかたづけます。物足りなさそうな子どもがいても「また、明日」と言って終了。

2日間、興味を示さなかった子どもも、3日目から保育者が設定し、音楽が鳴りだすと興味を示すこともありました。

朝、あるいは午睡の後の遊び、そして"おやつ時間"というような生活リズムの中に位置づけると、《マット一直線！》は生活を結ぶ活動になります。

まとめにかえて
『環境の工夫&子ども同士の学

例えば、1歳児が、2歳児のパズルをしている姿を見た後、イスに座って、同じように生き生き取り組む姿や、

フープの2人組リレーを見たあとに2人の子どもが《うんとこしょ！》(P.120)をし始めるなど、0歳児といえども、子ども同士で学び合っている姿が見られます。

それこそが、「これからの乳児保育の原点」にしたいものです。

一方で、「お山」「坂」のほか、《ロケットはっしゃー》(P.106)のような保育者による環境の工夫で、子どもがわくわくして場にかかわれるようにすることが大事です。

本書を遊びや環境のアイディアの参考にして、保育者と子ども、子ども同士の関係を豊かにしていただければありがたいです。

〈監修・編著〉

片山 喜章（かたやま よしのり）
社会福祉法人種の会 会長
神戸常盤大学客員教授

〈著者〉

徳畑 等（大阪・天王寺保育園園長）
小倉 和人（KOBEこどものあそび研究所）
藤本 裕美（大阪・天王寺保育園主任保育士）

〈実践〉遊びっくり箱プロジェクトチーム（連載時）

伊藤 衣里・高垣 まりな・横田 英一（兵庫・なかはら保育園）
徳畑 等・藤本 裕美（大阪・なな保育園）
小阪 好美・原 康大（兵庫・はっと保育園）
上坂 綾子・東 洋一郎（神奈川・宮崎保育園）
郷原 廉菜・兼原 有琴（神奈川・もみの木台保育園）
小倉 和人（KOBEこどものあそび研究所）

〈STAFF〉
● 本文イラスト/坂本直子・町田里美・やまざきかおり
● 本文レイアウト・編集協力/株式会社どりむ社
● 企画編集/安部鷹彦・安藤憲志
● 校正/堀田浩之

※本書は、月刊「保育とカリキュラム」2013年4月号～2014年3月号までの連載「遊びっくり箱＋（プラス）」をベースに編集し、単行本化したものです。

ハッピー保育books㉒
0・1歳児の あそびライブ96

2015年5月　初版発行
2021年7月　第4版発行

監修・編著者　片山 喜章
著者　　　　徳畑 等・小倉 和人・藤本 裕美
発行人　　　岡本 功
発行所　　　ひかりのくに株式会社
〒543-0001　大阪市天王寺区上本町3-2-14　郵便振替 00920-2-118855　TEL.06-6768-1155
〒175-0082　東京都板橋区高島平6-1-1　郵便振替 00150-0-30666　TEL.03-3979-3112
ホームページアドレス　http://www.hikarinokuni.co.jp
製版所　　　近土写真製版株式会社
印刷所　　　熨斗秀興堂

©2015　乱丁、落丁はお取り替えいたします。
JASRAC　出1503743-104

Printed in Japan
ISBN978-4-564-60870-4
NDC376　128P　19×13cm

本書のコピー、スキャン、デジタル化等の無断複製は著作権法上での例外を除き禁じられています。本書を代行業者等の第三者に依頼してスキャンやデジタル化することは、たとえ個人や家庭内の利用であっても著作権法上認められておりません。